Jean Booton

Rm 240

THE ARTIST/EL ARTISTA

by

Carmen Amato

A detective story in both Spanish and English for language learning

CARMEN AMATO

Table of Contents

In English:

En Español:

Copyright Notice

CARMEN AMATO

Introduction

THE ARTIST/EL ARTISTA is an illustrated short story in both English and Spanish. It was inspired by Mexican poet Javier Sicilia's efforts to bring awareness to the plight of families impacted by the drug war violence.

The story is an excerpt from MADE IN ACAPULCO, a collection of stories that form the prequel to the Detective Emilia Cruz police series. Emilia is the fictional first female detective in Acapulco fighting drug cartels, official corruption, and Mexico's culture of *machismo*.

MADE IN ACAPULCO is available in Spanish as HECHO EN ACAPULCO.

THE ARTIST/EL ARTISTA bilingual edition is offered as a language learning tool, but can also be part of a unique cross-curriculum for those studying contemporary Mexico.

CARMEN AMATO

THE ARTIST: a Detective Emilia Cruz short story

The message was delivered in the form of a *narcomanta* banner printed in black and red block letters and hung on the school's heavy iron gates. All teachers were to "donate" half of each month's salary. A teacher would be killed each week until the money was paid. But how or when the payment was to be made wasn't specified.

The banner was signed with the elaborate sword and gun shield of Los Esgrimidores. It wasn't the first time Detective Emilia Cruz Encinos had seen the logo and she was sure it wouldn't be the last. Los Esgrimidores—the Fencers—were an up-and-coming street gang in Acapulco, fighting it out in the rougher *barrios* with the long-established El Machete gang.

"We should close the school," Vice Principal José Medina Rivas said.

"There has to be something we can do." Maria Ileana Toledo Garza was the principal of the Lomas Hermosas elementary school. She was a comfortably stout woman in her early fifties with hair tucked into a tidy bun and a face made older by stress. She wore a dark pantsuit, reading glasses on a string around her neck, and brown leather pumps that badly needed polishing.

Emilia tried to keep her expression professional and calm as she sat on a bench in the small teachers' lounge. Her partner, Rico Portillo, shifted restlessly next to her. The bench was too narrow for his heavy build, although someone had tried to make it more comfortable with floral cushions.

The air smelled faintly of coffee from the machine in the corner. The room was small, with blue cinderblock walls, worn linoleum floors, and a bulletin board with notices of books to trade and teacher training sessions. The windows were covered with warped wooden blinds. Through the slats Emilia saw boys in navy shorts and white shirts playing kickball on the school parking lot.

Across from the detectives, the two administrators were obviously in conflict at a time when Emilia would have preferred to see solidarity. Medina, a bony man whose cotton collared shirt hung loose around his neck, was clearly terrified, while Señora Toledo wore an expression of grim determination.

The *narcomanta* was spread across a low table and the ends puddled on the floor. The banner wasn't some hand-painted message on a bed sheet, as so many were. This one was a professional print job on waterproofed fabric. The artistic logo looked like an elaborate Spanish family crest instead of a death threat from a gang using terror tactics to gain control of yet another Acapulco neighborhood.

Vice Principal Medina had been the one to find the banner at 6:30 a.m. that morning. Six hours later, Emilia was still surprised that the school had actually called the police and that the dispatch desk had actually slotted the assignment to the right unit. Lieutenant Inocente, Acapulco's chief of detectives, had assigned the case to Rico and Emilia with an offhand comment about not wasting too much time on it. She knew the thinking behind his words. Teachers were some of the best paid public servants, thanks to an enormously powerful national union. But there was strong enmity between that union and the more fragmented police union, making kickbacks to the police unlikely. And Lieutenant Inocente didn't like cases from freeloaders.

"A *narcomanta* banner printed in black and red block letters and hung on the school's heavy iron gates."

"In the short term, we can get patrol cars in this neighborhood to come by a few more times a day," Rico said to Señora Toledo. "We'll ask around, see if anyone saw who put up the banner. Interview your teachers, make sure this isn't an inside job. Longer term, we'll work with the Organized Crime unit to try and break the Los Esgrimidores gang. But we can't post guards and we can't shadow all of your teachers. The school needs to get some security for the gates."

"There's no money for a security guard," Señora Toledo said. "We've asked and asked the state school superintendent, but they always say there's no money."

Medina shook his head, his Adam's apple bobbing up and down as he swallowed nervously. "We should close the school," he said again. "First they target us. Next it will be the children."

"These children have nothing else," Señora Toledo said sharply. "If we close the school they'll be on the streets, ripe for gang recruitment. They'll become *halcones*, lookouts for the very thugs who are threatening them. No, I refuse to let these people deny them an education."

Emilia couldn't help but admire Señora Toledo. The woman reminded her of several teachers who had pushed Emilia to excel in school and helped her find odd jobs to scrape up money for uniforms and books. Without those teachers, Emilia knew she never would have graduated from high school, gone to a security academy, become a cop, or made detective before she was 30.

"Maria Ileana," Medina said in a low, urgent voice. "There isn't anything the police can do. If we keep the school open we're putting all of our lives in danger."

"What if we could stay?" Emilia heard herself say before Señora Toledo could answer the younger man's plea. "As surveillance. And . . . deterrence."

Señora Toledo tried not to look hopeful but the fatigue fell away from her face and she was suddenly a younger woman. "What did you have in mind?"

"Yeah," Rico said. "What did you have in mind?"

Emilia swallowed hard, trying not to think of what Lieutenant Inocente would say to this idea. She gestured at the *narcomanta*. "How many teachers have seen this and won't be back?" she asked the school administrators. "Maybe Detective Portillo and I can fill in for a few days, see who is watching the school, stay in touch with the patrol cars. If anything happens we'll be here."

"Undercover as teachers?" Rico asked, his voice thick with skepticism.

"It would let us stay around the school without calling attention to our presence," Emilia said.

"You don't have the proper qualifications," Medina protested. "We can hardly have her teaching science or math, can we? What would the union say?"

"Could you teach an art class?" Señora Toledo asked Emilia.

"Maria Ileana!" Medina exclaimed.

"José, this is more important," Señora Toledo admonished him. She turned to Emilia with an expectant look. "I'm not asking you to paint the

Mona Lisa. Just supervise the children's projects."

Emilia nodded. "I could do that."

They talked a bit more about how the two detectives could integrate into the school routine, and then Emilia and Rico talked to the teachers. Most were around Emilia's age and all seemed as frightened as Medina. Rico asked some clever questions but none gave any indication of being involved.

"I think we just scared everyone even worse," Emilia said as the two detectives went back to their car. It was parked inside the school property which was surrounded by a tall wall topped with razor wire. The big iron gates were the only way in or out. "Teachers threatening to kill teachers? How likely is that, anyway?"

"Always gotta ask," Rico said. "Not just once, either."

"I'll give you a week," Lieutenant Inocente said, much to Emilia's surprise. "Make sure Organized Crime knows what you are doing. Don't want the two of you getting in the middle of something they've got going down against Los Esgrimidores."

"We can talk to Perez over there," Rico said.

"Thanks, *teniente*," Emilia said.

"A week," Lieutenant Inocente emphasized. "After that I need you two back here. That crazy poet is bringing a protest march to Acapulco. They just announced it on the news and Chief Salazar is already calling. The same gimmick kind of march that tied up downtown Mexico City for three days. If the same thing happens here we need to be ready."

"*Oye*," Rico muttered under his breath.

Emilia knew what Lieutenant Inocente was talking about. After the murder of his son, a famous poet had led rallies in several major cities to protest the drug violence escalating throughout Mexico. Each rally had a different theme. People wore masks made of photographs of the missing, formed a human chain, or poured one drop of red colored water into a fountain for each person killed. A news pundit had claimed just the other day that the next rally would attract over a million people demanding an end to the rampant violence.

Emilia couldn't help but sympathize with the cause, but as a cop her point of view was different. Sadly, the rallies attracted a criminal element, as well as the noble-minded; and an uptick in rapes and robberies had occurred in every city that had hosted a rally. Now, apparently, it was Acapulco's turn.

Lieutenant Inocente leaned back in his chair and

looked with a critical eye at the two detectives standing on the other side of his desk. "So, Portillo," he said. "What exactly will you be teaching?"

"I'll be the janitor," Rico said.

"Always knew you were cut out for higher things, Portillo," Lieutenant Inocente said.

Emilia tried not to grin.

"Gives me an excuse to get there early," Rico went on. "Open the gates. Scout around the perimeter a couple of times a day. If I can spot the lookouts for Los Esgrimidores, maybe they'll lead us to the gang leadership."

Lieutenant Inocente fingered his moustache. "What about you, Cruz? Physical education for the girls?"

"I'll be the art teacher," Emilia said. "It's a good vantage point. I can connect with all the other teachers plus watch the students, ask some questions. See if the gang has anyone inside."

Lieutenant Inocente gave a snort. "What do you know about art, Cruz?"

"We'll find out," Emilia said.

Señora Toledo introduced Emilia as a special visiting art teacher, suggesting the reason why Emilia would only be there a week was that she gave art lessons at other schools in Acapulco as well as at Lomas Hermosas. Teachers and students, used to shortages of everything, accepted the story at face value.

Emilia had never considered herself to be particularly creative or crafty but a look through the art supply cabinet helped. There wasn't much, but the school had a pile of blank newsprint, plastic bottles of paint, colored pencils, and even poster paper in various hues.

For the most part, the children were well-behaved and happy to complete the simple projects she came up with. On the second day, she had the younger children each draw their family. When they were done she planned to tape up the pictures in the hallway outside the classroom. They'd make a big portrait gallery, Emilia promised them, and ask Señora Toledo to come for a viewing, as if it was a museum.

"How many people can be in the picture?" a little boy named Juan Pedro asked.

"As many as you want," Emilia said.

"Real people?" Juan Pedro pressed, his face pulled into a serious frown.

Emilia wondered if kids at this age had imaginary friends. "If you love them, then they are family," she said.

He accepted her words without further comment and the classroom got quiet as each student worked on their drawing. Emilia walked up and down the rows of desks, helping the children select colors and come up with ideas.

"That's Papi and Mami," said Mariana. The little girl was about 8 years old, Emilia guessed, all curly hair and wide brown eyes above her white blouse and navy skirt. She pointed to the figures one by one. "My brother Enrico, my sisters Rosalita and Flavia, and me."

Her picture showed the family standing in a row, the surprisingly realistic figures holding hands. The three girls wore the Lomas Hermosas uniform.

"That's a wonderful picture, Mariana," Emilia said. She tapped two of the figures, which were barefoot. "Why don't Papi and Enrico have any shoes on?"

"Mami says you don't need shoes in heaven," Mariana said matter-of-factly. "You walk on clouds all day and shoes would make them dirty."

"You don't need shoes in heaven."

It took Emilia a moment before she could reply around the sudden lump in her throat. "Your mami is a very smart lady, Mariana," she managed.

Mariana sighed as she colored in her late father's shirt. "I know."

Class was soon over and school let out with its usual clamor of departing children, all of whom were required to be picked up by a parent or older sibling instead of walking through the *barrio* alone. Emilia tidied her classroom and went down the hall to Señora Toledo's office.

She found the principal exchanging her scuffed leather pumps for equally worn cross trainers. Señora

Toledo wore another dark pantsuit and a starched white blouse. She finished lacing up the sport footgear and smiled at Emilia. "You can't believe how much my feet hurt after a day in heels."

"I think I can," Emilia said with a rueful grin in return.

"I expect heels aren't very practical in your line of work, Detective."

"No, not really." Heels aside, Emilia was hard pressed to find something to wear to the school that wasn't her usual work uniform of jeans, denim jacket, and rubber-soled walking sandals. Today she'd topped black pants and flats with a simple gray pullover. Her gun was in an ankle holster.

"I'm glad you stopped by." Señora Toledo gestured Emilia into a seat by the principal's desk. "I want to apologize for José's remarks the other day. He was upset. He didn't mean to imply you weren't smart enough to teach here."

Emilia nodded her understanding. "He found the *narcomanta*. It had to have been a terrible shock."

"By taking on the art classes, you've really done him a favor," Señora Toledo said. "He won't admit it but it has been a strain on him to both teach and be vice principal. I substitute when teachers get sick but he's never given up his work in the classroom. So this is a good break for him, whether he knows it or not."

"Señor Medina is obviously very dedicated," Emilia offered.

Señora Toledo sighed. "He still wants to close the school," she said. "He has two children here and of course his first concern is for their safety. But what's worse? Living in fear or in the certain knowledge that you have failed so many children? I choose the fear. After all, it's mine. Not theirs."

"Several of these children have already lost a parent or a sibling," Emilia said. "How are their families paying the school fees?"

Señora Toledo looked around the small office before replying. "I pay for a few," she said softly. "So they can get a good education. Grow up strong and confident. Change things before it is too late."

"I had a few teachers like you when I was growing up," Emilia confessed. "They made all the difference."

"You're making a difference, too," Señora Toledo said. "Always pay it forward. It's the only way we'll save our future."

Rico found the second *narcomanta* the next morning. Like the first, it had been hung on the school gates. He'd arrived just after 6:00 am to open the school, which meant swinging wide the iron portal so that the teachers could park inside the walls, and then relocking the gates once the children had arrived. Vice Principal Medina usually had that responsibility but had ceded it to Rico for the week. Señora Toledo always locked the gates at night as she was invariably the last to leave.

The wording of this *narcomanta* was almost identical to the other, except that the threat was doubled. Now the school could expect that two teachers would be killed each week. Like before, however, there were no instructions for passing the money to the gang.

The Los Esgrimidores logo was the same elaborate crest and the lettering was again red and black. The message had been printed on a heavy sheet of white posterboard, however, instead of waterproof fabric.

Like he had on Monday and Tuesday, Rico spent most of the day walking around the school, pretending to pull weeds from around the base of the outer walls. He identified two probable *halcones*; a nervous teen who worked at the fruit and vegetable stand on the next block, and a taxi driver who'd cruised by the school three times with an empty cab and a cell phone pressed to his ear.

When the two detectives met late on Wednesday with the school administrators, Medina was twitching with nerves and had a smudge of red ink on one shirt cuff. His hands trembled and Emilia imagined he had a difficult time holding his pen these days.

But again Señora Toledo refused to be intimidated. She did, however, accept Emilia's suggestions that they vary the school schedule and put a few of the more frightened teachers on administrative leave. She and Medina would work up a new schedule and notify parents in time for it to go into effect next week. But they would not close the school.

"I've phoned in the *placa* number for the taxi," Rico said to Emilia when they were alone in the teacher's lounge after the brief and tense meeting with the two administrators.

Señora Toledo and Medina were probably continuing their argument in the principal's office, Emilia thought. "Did you call Perez in Organized Crime?" she asked.

Rico nodded. "With any luck they'll pick up both the kid in the store and the taxi driver in a day or so."

"What about fingerprints on the *narcomantas*?" Emilia asked, although she already knew the answer. "Did the lab find anything?"

"*Oye, chica.*" Rico shook his head. "You're the queen of optimism."

They agreed that they couldn't rule out older students funneling information to gang members outside the school. Gang infiltration was a big problem for many of the schools in Acapulco, where for a few pesos, kids would provide information on teachers, the layout of the school office, and other details that could be used to rob faculty and facilities. So far Emilia hadn't seen any suspicious behavior. She'd have to redouble her efforts to find out what the kids knew. She'd also continue to ask the teachers questions.

Emilia went back to her classroom and swept the floor and tidied the art supply cabinet. She'd left it unlocked and the kids had knocked over the plastic bottles of paint and left the piles of art paper askew. They needed more paint but Emilia hardly felt like asking the principal for money for art supplies. The children would just have to make do with colored pencils.

She made a sign to go over the portrait gallery in the hall. A ceremony was planned for Friday, the last day that the detectives would be at Lomas Hermosas. Señora Toledo would view the gallery and award the little prizes Emilia had bought.

"Nice job, *chica*," Rico said as he came into the

room. "Hidden talent and all that shit."

"Did I mention that blue really suits you?" Emilia replied. Rico still had on the blue coveralls that all workmen wore. The elastic waist was stretched flat by his girth.

"Of course it does," Rico said expansively. "I'm a handsome fucker."

They left together, driving through the gates just ahead of Señora Toledo who pulled to the curb. As they waited, she got out of her car in her suit and battered cross trainers, and locked the gates. She waved goodbye, returned to her car, and turned left towards home.

The third *narcomanta* was spotted with water as it hung limply from the iron gate on Friday morning. Emilia knew it had rained very late the previous night and she wondered if the Los Esgrimidores gang prowled the dark like rats looking for trash.

The elaborate logo was rendered in artistic detail and the letters were red and black. Ten children would be killed, in addition to the teachers, until the money was paid. But, like the others, the *narcomanta* omitted any delivery instructions.

Rico took the *narcomanta* into Señora Toledo's

empty office. Medina passed by, early as usual, and his eyes bugged as he saw the damp poster. For a moment Emilia feared he was going to have a stroke. She led him away from the principal's office and into the teacher's lounge where she made a pot of coffee while he collected himself.

At 7:30 a.m. Medina rang the bell to signal the start of classes, despite the fact that Señora Toledo had not yet shown up for work. The principal generally came in around 6:45 a.m.

At 8:30 a.m. Emilia left her class waiting impatiently for the portrait gallery viewing and checked Señora Toledo's office. It was still empty and the lights were out. Her scuffed leather pumps were on the floor behind her desk.

Emilia ran into Medina's office. "Did you call to see where Señora Toledo is?"

"That would be your job, wouldn't it?" He thrust a list of emergency telephone numbers at her, his face white with tension.

Emilia called Señora Toledo's home and cell phones. Neither was answered. She continued down the list of numbers, finally reaching the principal's husband at his office at a building supply company. Maria Ileana had left for school at the usual time, he told Emilia in a panicky voice. His wife had told him about a school art gallery project and had been looking forward to seeing what the students had done.

Rico came into Medina's office as Emilia assured the man that they would call as soon as they had more information. When she ended the conversation, Rico made her sit down in the spare chair by Medina's desk. Medina clasped his hands together but they were shaking.

"Her car is two blocks away," Rico said. "Looks like they forced her to smash up onto the curb, then broke a window to haul her out. The seat belt was cut. I've called it in."

"Maria Ileana?" Medina gasped. "She's gone?"

"It looks like it," Rico said.

Medina abruptly started to sob, raising both hands to cover his face. He was wearing the same shirt as on Wednesday, the one with the red ink on the cuff. Or maybe it was red paint.

"You're an artist," Emilia said, barely able to breathe as a sudden weight crushed her chest. "You made the last two *narcomantas.* Using paint and poster paper from the supply cabinet. The logo and everything."

Medina sobbed wildly. Rico's jaw dropped as he looked from Emilia to the weeping vice principal.

"You wanted to scare her into closing the school," Emilia went on. "But she wouldn't."

"I just thought—." Medina choked on a sob. "She was supposed to close the school. Then no one would get hurt."

"Los Esgrimidores put up a different *narcomanta*, didn't they?" Emilia wanted to weep herself, pound the desk, turn back the clock to a different day and a different place. "With directions for giving them the money. You took it down."

"*Madre de Dios*," Rico swore, staring at Medina.

The vice principal's sobs subsided into a guttural cough as he lifted reddened eyes to Rico. "I got here ahead of you on Wednesday and found it," Medina admitted. "I'd already made the poster so I just replaced the gang banner with it."

"And then pretended to come to work later," Rico said in disgust.

"But when she didn't close the school on Wednesday you had to up the stakes," Emilia said bitterly. "Threaten the children. She could hardly ignore that."

"I'm trying to protect these children," Medina said. "Don't you see that?"

"Was today the deadline?" Emilia asked. "Did you tell her?"

"She was supposed to close the school." Medina stood up, tears still streaming down his gaunt face as he clenched his fists. "No one could pay what they are asking. But she wouldn't close the school so I had to convince her. Frighten her. There was still time for her to change her mind."

"Apparently not," Rico said.

The line was long and the sun blazed but Emilia waited patiently along with everyone else. For the most part the crowd was silent, although now and then she heard a whispered conversation, a wail of grief, or the sound of someone crying softly. Even journalists whispered into their microphones as if reluctant to report too aggressively.

True to the prediction, at least a million people were there. Acapulco's main artery, the broad Costera Miguel Alemán boulevard, had become a pedestrian walkway, effectively bottling up the city.

The event had started at noon. Poetry was read and speeches made. Prayers dedicated to the thousands who remained missing. Pleas made to *el presidente* for a solution to the violence. And then the lines formed.

When Emilia finally made it to the canopy at the front of the line, the man behind the makeshift desk gave her a form to sign. She scribbled her name and was given a ticket and piece of printer paper on which was typed in bold black letters the phrase *¿Dónde Están?* Following his instructions, she wrote "Maria Ileana Toledo, Acapulco" below the letters, along with last Friday's date, and folded the paper in half lengthwise. The man let her know where she should go next.

Emilia gathered up her items and followed another line of people at least half a mile along the boulevard before finding a sign for the section marked on her ticket. She'd driven the Costera Miguel Alemán hundreds of times, yet now—lined with people and full of questions—it was unrecognizable.

The rally organizer for that section checked her ticket. Emilia was led to an imaginary square in the road, as if the avenue overlooking the ocean had become an invisible chessboard. Emilia gazed around. Every chess player had a story, every chess piece held the same question.

Emilia put the scuffed leather pumps down on the tarmac near a pair of men's loafers.

"The other thousands of ownerless shoes"

The woman arranging the loafers gave Emilia a weepy smile. "My Hector," she said with a nod at the loafers. She lifted her chin at the pumps. "Your mother?"

Emilia shook her head, surprised to find herself dry-eyed. "A friend," she answered.

She pointed the toes of the pumps toward the ocean, in the same direction as the other thousands of ownerless shoes. The folded paper with Maria Ileana Toledo's name and the anguished cry of *Where Are They?* was slipped into the right shoe so that it was positioned the same as the papers in all the other pairs of shoes. The bold question could be clearly seen. Emilia wished she'd written the principal's name in bigger letters.

The rally organizer shepherded her along as more people came into the section to set down their loved ones' shoes on the road. Emilia lost herself in the crowd swirling toward a vantage point above the beach at Playa Hornitos. The going was slow as people continually stopped to take pictures.

The road wasn't a chessboard, Emilia thought, so much as it was a cemetery. A cemetery of shoes, each pair transformed by grief into a headstone bearing the name of someone who was lost, and a question that had yet to be answered.

The headstones were sandals and sneakers and work boots and soccer cleats and bedroom slippers and platform heels and the shoes of school children worn from playing kickball and tag. They were all sizes and colors; some new, some old. The only thing they had in common was their missing owners.

Emilia snapped a picture with her cell phone, capturing the graveyard bordering the most beautiful bay in the world. The scuffed leather pumps were lost amid so many other pairs of shoes.

She made her way out of the crowds, poetry from the rally circling in her head, an invisible weight again crushing her chest. *Dónde están, dónde están?* She was a cop, she should be able to answer such a simple question.

A salty breeze from the ocean freshened the air.

It smelled like tears.

There were no clouds under her feet as Emilia kept walking, only the hot tarmac.

The End

About the author

Carmen Amato writes romantic thrillers and mystery, including the Detective Emilia Cruz police procedural series set in Acapulco. Emilia Cruz is the first female detective on the Acapulco police force, confronting Mexico's drug cartels and legendary government corruption. Kirkus Reviews has called the books "consistently exciting," with "danger and betrayal never more than a page away." Visit Carmen's website at carmenamato.net to subscribe to her Mystery Ahead newsletter and get a free copy of the Detective Emilia Cruz Starter Library.

Originally from New York, Carmen's family tree includes a mayor, a Mensa genius, and the first homicide in the state of Connecticut with an automatic weapon. The perpetrator, her great-grandfather, eluded a state-wide manhunt after killing two people–one of whom was his wife–and was never brought to justice. Her family story sparked a passion for mystery and her experiences living in Mexico and Central America drive the authenticity of her books.

See why Amazon Hall of Fame reviewer Grady Harp wrote: "For pure entertainment and a gripping story likely resulting in nail biting, read Carmen Amato's addictive prose. She knows this territory like a jaguar!"

Detective Emilia Cruz series
CLIFF DIVER: Detective Emilia Cruz Book 1
HAT DANCE: Detective Emilia Cruz Book 2
DIABLO NIGHTS: Detective Emilia Cruz Book 3
KING PESO: Detective Emilia Cruz Book 4
PACIFIC REAPER: Detective Emilia Cruz Book 5
43 MISSING: Detective Emilia Cruz Book 6
MADE IN ACAPULCO: The Emilia Cruz Stories

Suspense
AWAKENING MACBETH
THE HIDDEN LIGHT OF MEXICO CITY

Nonfiction
THE INSIDERS GUIDE TO THE BEST OF MEXICO

THE ARTIST/EL ARTISTA

Introducción

THE ARTIST / EL ARTISTA es un cuento ilustrado en inglés y español. Se inspiró en los esfuerzos del poeta mexicano Javier Sicilia para concienciar sobre la difícil situación de las familias afectadas por la violencia de la guerra contra las drogas.

La historia es un extracto de MADE IN ACAPULCO, una colección de historias que forman la precuela de la serie policial de la detective Emilia Cruz. Emilia es la primera detective de ficción en Acapulco que lucha contra los cárteles de la droga, la corrupción oficial y la cultura del machismo en México.

MADE IN ACAPULCO está disponible en español como HECHO EN ACAPULCO.

THE ARTIST / EL ARTISTA edición bilingüe se ofrece como una herramienta de aprendizaje de idiomas, pero también puede ser parte de un plan de estudios único para aquellos que estudian el México contemporáneo.

CARMEN AMATO

EL ARTISTA: un cuento de Emilia Cruz

El mensaje fue entregado en la forma de una narcomanta impresa en letras negras y rojas y colgada en las pesadas puertas de hierro de la escuela. Todos los maestros debían "donar" la mitad de su sueldo cada mes. Un maestro sería asesinado todas las semanas hasta que se pagara el dinero. Pero no se había especificado cómo ni cuándo se debía realizar el pago.

La narcomanta tenía como firma el elaborado escudo de Los Esgrimidores, con una espada y una pistola. No era la primera vez que la Detective Emilia Cruz Encinos había visto el logo, y estaba segura de que no sería la última. Los Esgrimidores eran una banda callejera de Acapulco que prometía tener cada vez más protagonismo peleando en los barrios más peligrosos contra la banda de más larga trayectoria llamada El Machete.

"Deberíamos cerrar la escuela," dijo el subdirector José Medina Rivas.

"Tiene que haber algo que podamos hacer." María Ileana Toledo Garza era la directora de la escuela primaria Lomas Hermosas. Era una mujer bastante robusta, de entre cincuenta y cincuenta y cinco años, con su cabello recogido en un prolijo chongo y su cara avejentada por el estrés. Llevaba un saco y pantalón oscuro, gafas para leer que colgaban de un cordón alrededor del cuello y tacones de piel marrón que necesitaban con urgencia ser lustrados.

Emilia trató de mantener una expresión profesional y calma al sentarse en un banco en la pequeña sala de maestros. Su compañero, Rico Portillo, se movía nerviosamente al lado de ella. El banco era demasiado angosto para él porque era corpulento, aunque alguien había tratado de hacerlo más cómodo con cojines de flores.

Había un leve aroma a café que provenía de la cafetera en un rincón. El cuarto era pequeño, con paredes azules de hormigón, pisos de linóleo gastados y un pizarrón con anuncios de libros para intercambiar y de sesiones de capacitación docente. Las ventanas estaban cerradas con persianas de madera torcidas. A través de las tablillas, Emilia podía ver a niños en shorts azules y camisas blancas pateando un balón en el estacionamiento de la escuela.

Frente a los detectives, era obvio que los dos administradores no estaban de acuerdo, en un momento en el que Emilia hubiese preferido que hubiera solidaridad. Medina, un hombre delgado cuya camisa de algodón tenía el cuello abierto, claramente estaba aterrado, mientras que la Señora Toledo tenía una expresión de determinación adusta.

La narcomanta estaba extendida sobre una mesa baja con los extremos caídos en el piso. No se trataba de un mensaje pintado a mano sobre una sábana, como tantos otros. Este era un trabajo de impresión profesional sobre tela impermeabilizada. El logo artístico parecía un elaborado escudo familiar español en lugar de una amenaza de muerte de una banda con tácticas de terror para lograr el control de otro vecindario más en Acapulco.

El subdirector Medina había sido quien encontró la narcomanta a las 6:30 a. m. esa mañana. Seis horas después, Emilia seguía sorprendida de que la escuela realmente había llamado a la policía y que el despacho realmente había asignado la tarea a la unidad correcta. El Teniente Inocente, jefe de los detectives de Acapulco, había asignado el caso a Rico y a Emilia con un comentario distraído de no dedicarle demasiado tiempo. Ella sabía qué había detrás de sus palabras. Los maestros eran algunos de los empleados públicos mejores pagados –gracias a un sindicato nacional muy poderoso–, pero había una fuerte enemistad entre ese sindicato y el de los policías, que estaba más fragmentado, por lo que era poco probable que pagaran sobornos a la policía. Y al Teniente Inocente no le agradaban los casos de quienes no pagaban.

"Una narcomanta impresa en letras negras y rojas y colgada en las pesadas puertas de hierro de la escuela."

"En el corto plazo, podemos hacer que las patrullas de este vecindario pasen más veces al día," Rico le dijo a la Señora Toledo. "Preguntaremos a distintas personas si alguien vio quién colocó la narcomanta. Entrevistaremos a sus maestros para asegurarnos de que no haya un cómplice interno. En el largo plazo, trabajaremos con la unidad de Crimen Organizado para intentar desarticular la banda Los Esgrimidores. Pero no podemos poner guardias ni seguir de cerca a todos sus maestros. La escuela debe poner seguridad en los portones."

"No hay fondos para un guardia de seguridad," explicó la Señora Toledo. "Le hemos pedido al superintendente de escuelas estatales en varias oportunidades, pero siempre dice que no hay dinero."

Medina sacudió la cabeza; su nuez de Adán se movía arriba y abajo mientras tragaba, nervioso. "Deberíamos cerrar la escuela," dijo nuevamente. "Primero nosotros somos su objetivo. Luego serán los niños."

"Estos niños no tienen otra cosa," comentó la Señora Toledo con dureza. "Si cerramos la escuela estarán en la calle, listos para ser reclutados por las bandas. Se convertirán en halcones, para que les echen aguas a los mismos matones que los están amenazando. No, me niego a que estas personas les priven de una educación."

Emilia sólo podía admirar a la Señora Toledo. Esa mujer le recordaba a varias maestras que habían empujado a Emilia a destacarse en la escuela y la habían ayudado a hallar pequeños trabajos para juntar dinero y comprar sus uniformes y libros. Sin esas maestras, Emilia sabía que nunca habría finalizado la escuela secundaria ni asistido a una academia de seguridad; tampoco se habría convertido en policía ni habría llegado a ser detective antes de cumplir los treinta años.

"María Ileana," dijo Medina con voz grave y apremiante. "No hay nada que la policía pueda hacer. Si mantenemos la escuela abierta pondremos nuestras vidas en peligro."

"¿Y si pudiéramos quedarnos?" Emilia se escuchó decir a la Señora Toledo antes de que ella pudiera responder la petición del hombre más joven. "Como vigilancia. Y... disuasión."

La Señora Toledo trató de no parecer esperanzada, pero la fatiga desapareció de su rostro y, de repente, parecía que le había vuelto la juventud. "¿Qué tenía usted en mente?"

"Sí," dijo Rico. "¿Qué tenías en mente?"

Emilia tragó saliva, intentando no pensar en qué diría el Teniente Inocente con respecto a la idea. Señaló la narcomanta. "¿Cuántos maestros han visto esto y no regresarán?" preguntó a los administradores de la escuela. "Tal vez el Detective Portillo y yo podamos estar aquí algunos días, ver quién está observando la escuela, estar en contacto con las patrullas. Si algo sucede, estaremos acá."

"¿Encubiertos como maestros?" preguntó Rico con un tono escéptico.

"Nos permitiría estar en la escuela sin que nuestra presencia llame la atención," explicó Emilia.

"Ustedes no tienen las calificaciones adecuadas," protestó Medina. "¿Cómo crees? No podríamos hacer que ella enseñe ciencias o matemáticas. ¿Qué diría el sindicato?"

"¿Podría enseñar arte?" le preguntó la Señora Toledo a Emilia.

"¡María Ileana!" exclamó Medina.

"José, esto es más importante," dijo la Señora Toledo, regañándolo. Volteó hacia Emilia con una mirada esperanzada. "No le estoy pidiendo que pinte la Mona Lisa. Sólo supervisar los proyectos de los niños."

Emilia asintió con la cabeza. "Podría hacer eso."

Platicaron un rato más sobre cómo los dos detectives podrían integrarse a la rutina de la escuela, y luego Emilia y Rico hablaron con los maestros. La mayoría tenía la edad de Emilia y todos parecían tan atemorizados como Medina. Rico formuló algunas preguntas ingeniosas, pero ninguno dio indicio alguno de estar involucrado.

"Creo que atemorizamos a todos aún más," Señaló Emilia mientras los dos detectives volvían a su carro. Estaba aparcado dentro del predio de la escuela, que estaba rodeado por una pared alta con alambre de púas en la parte superior. Los grandes portones de hierro eran la única entrada y salida. "¿Maestros que amenazan matar a maestros?" ¿Qué tan probable es eso?"

"Siempre hay que preguntar," dijo Rico. "Y no

una sola vez."

"Les daré una semana," exclamó el Teniente Inocente, para sorpresa de Emilia. "Asegúrense de que Crimen Organizado sepa lo que están haciendo. No quiero que se metan en medio de algo que esté tramando contra Los Esgrimidores."

"Podemos hablar con Pérez allá," dijo Rico.

"Gracias, teniente," contestó Emilia.

"Una semana," enfatizó el Teniente Inocente. "Después de eso los necesito a los dos de vuelta acá. Ese poeta loco está trayendo una marcha de protesta a Acapulco. Acaban de anunciarlo en las noticias y el Jefe Salazar ya me está llamando. El mismo tipo de treta que resultó en una marcha que provocó un embotellamiento en el centro de la Ciudad de México durante tres días. Si lo mismo sucede acá, tendremos que estar preparados."

"Oye," dijo Rico entre dientes.

Emilia sabía a qué se refería el Teniente Inocente. Después del asesinato de su hijo, un poeta famoso había organizado mítines en varias ciudades importantes para protestar contra la creciente violencia por drogas en todo México. Cada mitin tenía un tema diferente. Las personas usaban máscaras confeccionadas con fotografías de las personas desaparecidas, formaban una cadena humana o vertían una gota de agua de color rojo en una fuente por cada persona asesinada. Un comentarista de noticias el otro día había afirmado que el próximo mitin convocaría a más de un millón de personas demandando el fin de la violencia desenfrenada.

Emilia no podía evitar simpatizar con la causa, pero en su papel de policía, su punto de vista era diferente. Desgraciadamente, los mítines atraían a delincuentes al igual que a gente con buenas intenciones, y donde estos mítines se habían llevado a cabo, también se presentaba un repunte de violaciones y de robos. Ahora, aparentemente, le tocaba a Acapulco.

El Teniente Inocente apoyó la espalda en su silla y miró con ojos críticos a los dos detectives que estaban parados frente a su escritorio. "Entonces, Portillo," exclamó. "¿Qué es exactamente lo que enseñará?"

"Seré el conserje," afirmó Rico.

"Siempre supe que estaba destinado a hacer cosas importantes, Portillo," bromeó el Teniente Inocente.

Emilia intentó mantener la cara seria.

"Me da una excusa para llegar temprano," dijo.

"Abrir los protones. Examinar el perímetro un par de veces al día. Si puedo descubrir a los vigilantes de Los Esgrimidores, quizá nos lleven hasta los líderes de la banda."

El Teniente Inocente se acarició su bigote. "¿Y tú, Cruz? ¿Educación física para las niñas?"

"Seré la maestra de arte," explicó Emilia. "Es una buena posición estratégica. Podré comunicarme con los demás maestros y también observar a los alumnos, hacer algunas preguntas y ver si hay algún infiltrado de la banda."

El Teniente Inocente dijo con un bufido "¿Qué sabes sobre arte, Cruz?"

"Lo descubriremos," contestó Emilia.

La Señora Toledo presentó a Emilia como a una maestra de arte especial que estaba de visita y sugirió que ella sólo estaría allí una semana porque daba clases de arte en otras escuelas en Acapulco y en Lomas Hermosas. Los maestros y alumnos, acostumbrados a las carencias de todo tipo, creyeron la historia tal como fue presentada.

Emilia nunca se había considerado especialmente creativa o habilidosa, pero echar un vistazo al gabinete de suministros de arte la ayudó. No había mucho, pero la escuela tenía una pila de papel para dibujar, botellas plásticas de pintura, lápices de colores e incluso cartulinas en distintos tonos.

La mayoría de los niños se portaban bien y estaban felices de realizar los proyectos sencillos que a ella se le ocurrían. El segundo día, les pidió a los niños más pequeños que dibujaran a su familia. Cuando los dibujos estaban terminados, tenía planeado pegarlos en el pasillo fuera de la clase. Emilia les prometió que harían una gran galería de retratos, y le pidió a la Señora Toledo que viniera a la exposición, como si fuera un museo.

¿Cuántas personas puede haber en el dibujo?" preguntó un niño pequeño llamado Juan Pedro.

"Todas las que desees," señaló Emilia.

"¿Gente real?" Juan Pedro insistió, y frunció el ceño, serio.

Emilia se preguntó si los niños a esta edad tenían amigos imaginarios. "Si los amas, entonces son tu familia," respondió.

Él aceptó sus palabras sin hacer más comentarios y la clase quedó en silencio mientras los alumnos realizaban sus dibujos. Emilia caminó entre las filas de pupitres, ayudando a los niños a seleccionar colores y a generar ideas.

"Esos son papá y mamá," dijo Mariana. La pequeña tenía unos ocho años –supuso Emilia–, con el cabello rizado y grandes ojos marrones arriba de su blusa blanca y falda azul. Señaló las figuras una por una. "Mi hermano Enrico, mis hermanas Rosalita y Flavia, y yo."

Su dibujo mostró a la familia parada en una fila, y las figuras, sorprendentemente realistas, estaban tomadas de la mano. Las tres niñas vestían los uniformes de Lomas Hermosas.

"Ese dibujo es muy bello, Mariana," la felicitó Emilia. Ella señaló dos de las figuras que estaban descalzas. "¿Por qué papi y Enrico no tienen puestos zapatos?"

"Mamá dice que no necesitas zapatos en el cielo," contestó Mariana con total naturalidad. "Caminas sobre nubes todo el día y los zapatos las ensuciarían."

"No necesitas zapatos en el cielo"

Le llevó a Emilia un momento poder responder por el repentino nudo que se le formó en la garganta. "Tu mami es una mujer muy inteligente, Mariana," logró decir.

Mariana suspiró mientras coloreaba la camisa de su difunto padre. "Lo sé."

Pronto terminó la clase y la escuela se llenó del clamor usual de los niños que se iban, todos debían ser retirados por su padre, madre o hermano mayor en lugar de caminar por el barrio solos. Emilia ordenó su clase y caminó por el pasillo hasta la oficina de la Señora Toledo.

Encontró a la directora cambiándose sus tacones

de piel gastados por tenis igual de gastados. La Señora Toledo vestía otro traje de pantalón oscuro y una blusa blanca almidonada. Ella terminó de atar su calzado deportivo y le sonrió a Emilia. "No puede imaginar cuánto me duelen los pies después de un día usando tacones."

"Creo que puedo," Emilia indicó, devolviéndole una sonrisa triste.

"Supongo que los tacones no son muy prácticos en su tipo de trabajo, Detective."

"Pues la verdad que no." Dejando de un lado los tacones, a Emilia se le dificultaba hallar algo para usar en la escuela que no fuera su uniforme de trabajo usual de pantalones y chamarra de mezclilla y sandalias con suela de goma. Hoy se había puesto pantalones negros, zapatos bajos y un suéter gris sencillo. Su pistola estaba en una funda en su tobillo.

"Me alegra que haya pasado por acá." La Señora Toledo le hizo un gesto a Emilia para que se sentara al lado de su escritorio. "Quiero disculparme por los comentarios de José el otro día. Estaba enfadado. No quiso decir que usted no era lo suficientemente inteligente para enseñar aquí."

Emilia asintió con la cabeza en señal de comprensión. "Él encontró la narcomanta. Debe haber sido un impacto terrible."

"Al dar clases de arte, realmente le has hecho un

favor," explicó la Señora Toledo. "No lo admitirá, pero ha sido difícil para él enseñar y ser el subdirector. Yo reemplazo a los docentes cuando se enferman, pero él nunca ha dejado su trabajo al frente de la clase. Entonces, este es un buen descanso para él, se dé cuenta de ello o no."

"Obviamente, el señor Medina es muy dedicado," Emilia opinó.

La Señora Toledo suspiró. "Sigue queriendo cerrar la escuela," dijo. "Tiene a dos niños aquí y, por supuesto, su preocupación principal es su seguridad. Pero ¿qué es lo peor? ¿Vivir con miedo o tener la certeza de que uno ha decepcionado a tantos niños? Yo elijo el miedo. Después de todo, es mío. No de ellos."

"Varios de estos niños ya han perdido a uno de sus padres o hermanos," comentó Emilia. "¿Cómo pagan sus familias las colegiaturas?"

La Señora Toledo miró alrededor de la pequeña oficina antes de responder. "Yo pago algunas," dijo en voz baja. "Para que puedan tener una buena educación. Crecer fuertes y seguros. Cambiar las cosas antes de que sea demasiado tarde."

"Tuve algunos maestros como usted al crecer," confesó Emilia. "Marcaron una gran diferencia."

"Usted también está marcando una diferencia," dijo la Señora Toledo. "Siempre hay que devolver el favor. Es la única manera de salvar nuestro futuro."

Rico encontró la segunda narcomanta la mañana siguiente. Al igual que la primera, la habían colgado en los portones de la escuela. Él había llegado unos minutos después de las 6:00 a. m. para abrir la escuela, lo que implicaba abrir los portones de hierro completamente para que los maestros pudieran aparcar adentro de las paredes alrededor de la escuela y volver a cerrarlo cuando ya estaban adentro los niños. El Subdirector Medina solía tener esa responsabilidad, pero se la había cedido a Rico esa semana. La Señora Toledo siempre cerraba con llave las puertas por la noche ya que, casi siempre, era la última en irse.

Las palabras de la narcomanta eran casi idénticas a la anterior, salvo que la amenaza se había duplicado. Ahora, la escuela podía esperar que dos maestros fueran asesinados cada semana. Sin embargo, al igual que antes, no había instrucciones para entregarle el dinero a la banda.

El logo de Los Esgrimidores era el mismo escudo elaborado y las letras eran, nuevamente, rojas y negras. Pero el mensaje estaba impreso en una pesada lámina de cartulina, en lugar de tela impermeable.

Al igual que el lunes y el martes, Rico pasó la mayor parte del día caminando alrededor de la escuela, simulando quitar malezas cerca de los muros exteriores. Identificó a dos posibles halcones: un adolescente nervioso que trabajaba en la tienda de frutas y vegetales de la otra cuadra y un taxista que había pasado por la escuela tres veces con el taxi vacío y un teléfono móvil en su oreja.

Cuando los dos detectives se reunieron el miércoles a la última hora con los administradores de la escuela, Medina estaba muy nervioso y tenía una mancha de tinta roja en uno de los puños de su camisa. Sus manos temblaban y Emilia imaginó que le había resultado difícil sostener su bolígrafo estos días.

Pero nuevamente, la Señora Toledo se negó a ser intimidada. A pesar de ello, aceptó las sugerencias de Emilia de modificar los horarios de la escuela y darles una licencia administrativa a los maestros más atemorizados. Ella y Medina iban a organizar un nuevo horario y avisarles a los padres a tiempo para ponerlo en práctica la semana siguiente. Pero no iban a cerrar la escuela.

"Llamé para averiguar el número de placa del taxi," Rico le informó a Emilia cuando quedaron solos en la sala de maestros después de la breve y tensa junta con los dos administradores.

Emilia pensaba que, probablemente, la Señora Toledo y Medina habían seguido la pelea en la oficina de la directora. "¿Llamaste a Pérez en Crimen Organizado?" preguntó.

Rico asintió con la cabeza. "Con suerte, arrestarán al niño de la tienda y al taxista en un par de días."

"¿Y las huellas dactilares en las narcomantas?" preguntó Emilia, aunque ya sabía la respuesta. "¿El laboratorio encontró algo?"

"Oye, chica." Rico sacudió la cabeza. "Eres la reina del optimismo."

Aceptaron que no podían descartar que algunos estudiantes más grandes estuvieran pasando información a miembros de la banda fuera de la escuela. La infiltración de las bandas era un gran problema para muchas escuelas en Acapulco, donde por unos pocos pesos, los niños proporcionaban información sobre sus maestros, el plan de la oficina de la escuela y otros datos que podrían ser utilizados para robar a los docentes y en las instalaciones. Hasta ahora, Emilia no había visto ninguna conducta sospechosa. Iba a tener que redoblar sus esfuerzos para descubrir qué sabían los niños. También tenía que continuar haciéndoles preguntas a los maestros.

Emilia volvió a su clase, barrió el piso y ordenó

el gabinete de suministros de arte. Lo había dejado sin llave y los niños habían volcado las botellas plásticas de pintura y dejado las pilas de papel desordenadas. Necesitaban más pintura, pero Emilia no quería pedirle dinero para suministros de arte a la directora. Los niños tendrían que arreglárselas con lápices de colores.

Ella hizo una señal para que fueran a la galería de retratos en el pasillo. Había una ceremonia planificada para el viernes, el último día que los detectives estarían en Lomas Hermosas. La Señora Toledo visitaría la galería y entregaría los pequeños premios que Emilia había comprado.

"Buen trabajo, chica," exclamó Rico al entrar a la sala. "Talento oculto y toda esa chingada."

"¿Mencioné que el color azul te queda realmente bien?" respondió Emilia. Rico seguía vistiendo el overol azul que usan los trabajadores. La cintura elástica estaba estirada por su panza.

"Pues así es," dijo Rico, divertido. "Soy un cabrón guapo."

Se fueron juntos, pasando por los portones antes de la Señora Toledo, quien se paró al lado de la banqueta. Mientras esperaban, ella se bajó de su carro en traje y tenis gastados y cerró los portones con llave. Saludó con la mano, regresó a su carro y giró a la izquierda rumbo a su hogar.

☼

La tercera narcomanta estaba salpicada con agua, y colgaba lánguidamente de los portones de hierro el viernes por la mañana. Emilia sabía que había llovido la noche anterior, muy tarde, y se preguntaba si la banda Los Esgrimidores rondaba en la oscuridad como ratas en busca de basura.

El logo elaborado tenía detalles artísticos y las letras eran rojas y negras. Diez niños serían asesinados, además de los maestros, hasta que se pagara el dinero. Pero, al igual que las otras, esta narcomanta omitía las instrucciones de entrega.

Rico llevó la narcomanta a la oficina vacía de la Señora Toledo. Medina pasó por allí, temprano como siempre, y sus ojos casi se salieron de las órbitas al ver la narcomanta húmeda. Por un momento, Emilia temió que él padeciera un ataque cardiaco. Ella lo sacó de la oficina de la directora y lo llevó a la sala de maestros, donde preparó una jarra de café mientras él se recomponía.

A las 7:30 a. m., Medina sonó el timbre para el inicio de las clases, a pesar de que la Señora Toledo no había llegado a trabajar todavía. Por lo general, ella llegaba alrededor de las 6:45 a. m.

A las 8:30 a. m., Emilia dejó su clase esperando

impacientemente la visita a la galería de retratos y fue a la oficina de la Señora Toledo. Seguía vacía y las luces estaban apagadas. Sus tacones gastados estaban en el piso, detrás de su escritorio.

Emilia corrió a la oficina de Medina. "¿Usted llamó para ver dónde está la Señora Toledo?"

"Ese sería su trabajo,¿ no es así?" Él le tendió bruscamente una lista de teléfonos de emergencia, su cara mostrando tensión.

Emilia llamó a la casa y al teléfono móvil de la Señora Toledo. No hubo respuesta. Siguió con la lista de números y, finalmente, pudo comunicarse con el esposo de la directora en su oficina, en una compañía de insumos para la construcción. María Ileana se había ido a la escuela a la hora habitual, le explicó a Emilia con voz de pánico. Su esposa le había contado sobre un proyecto de una galería de arte en la escuela y esperaba ansiosamente ver qué habían hecho los alumnos.

Rico entró a la oficina de Medina cuando Emilia le aseguraba al hombre que lo llamarían apenas tuvieran más información. Al finalizar la conversación, Rico la hizo sentar en la silla vacía al lado del escritorio de Medina, quien apretaba sus temblorosas manos.

"Su carro está a dos cuadras de aquí," dijo Rico. "Parece que la hicieron chocar contra la banqueta y después rompieron un vidrio para sacarla arrastrada. El cinturón de seguridad estaba cortado. Ya lo reporté."

"¿María Ileana?" dijo Medina con la voz entrecortada. "¿No está?"

"Así parece," exclamó Rico.

Abruptamente, Medina comenzó a sollozar y levantó ambas manos para tapar su cara. Estaba usando la misma camisa que el miércoles, con la mancha de tinta roja en el puño. O tal vez era pintura roja.

"Usted es artista," dijo Emilia, que apenas podía respirar porque sintió un peso repentino que le aplastaba el pecho. "Usted hizo las últimas dos narcomantas, con pintura y cartulinas del gabinete de suministros. El logo y todo lo demás."

Medina sollozaba desenfrenadamente. Rico se quedó con la boca abierta mientras miraba a Emilia y al subdirector que lloraba.

"Quería asustarla para que cerrara la escuela," Emilia continuó. "Pero ella no lo iba a hacer."

"Yo sólo pensé..." dijo Medina con su voz ahogada en llanto. "Ella debía cerrar la escuela. Para que nadie saliera herido."

"Los Esgrimidores colgaron una narcomanta distinta, ¿no es verdad?" Emilia quería llorar, golpear el escritorio y volver el tiempo atrás a otro día y a otro lugar. "Con instrucciones para darles el dinero. Usted lo quitó."

"Madre de Dios," exclamó Rico, mirando fijamente a Medina.

Los sollozos del subdirector se transformaron en una tos gutural al levantar sus ojos enrojecidos y mirar a Rico. "Llegué antes que usted el miércoles y la encontré," admitió Medina. "Ya había hecho la narcomanta, así que sólo reemplacé la de la banda con la mía."

"Y entonces simuló venir a trabajar más tarde," exclamó Rico con disgusto.

"Pero cuando ella no cerró la escuela el miércoles, usted tuvo que redoblar la apuesta," dijo Emilia con voz amarga. "Una amenaza a los niños. Ella difícilmente iba a ignorarla."

"Estoy intentando proteger a estos niños," afirmó Medina. "¿No lo ven?"

"¿Hoy era la fecha límite?" preguntó Emilia. "¿Se lo dijo a ella?"

"Ella debía cerrar la escuela." Medina se paró. Las lágrimas seguían surcando su rostro desolado. Cerró sus puños. "Nadie podría pagar lo que piden. Pero ella no quería cerrar la escuela, por eso tenía que convencerla. Atemorizarla. Todavía había tiempo para que ella cambiara de idea."

"Aparentemente no," exclamó Rico.

La fila era larga y el sol ardía, pero Emilia esperó pacientemente junto con todos los demás. La mayoría de la gente estaba en silencio, aunque de vez en cuando ella oía una conversación susurrada, un lamento o el sonido de alguien llorando suavemente. Incluso los reporteros murmuraban en sus micrófonos como si no quisieran informar de manera demasiado agresiva.

La predicción se cumplió: cuando menos había un millón de personas allí. La arteria principal de Acapulco, el amplio bulevar Costera Miguel Alemán, se había convertido en una calle peatonal, provocando un embotellamiento en la ciudad.

El evento había comenzado al mediodía. Leyeron poesía y dieron discursos. Dedicaron plegarias a los miles que continuaban desaparecidos. Hicieron peticiones al presidente para lograr una solución a la violencia. Y luego hicieron filas.

Cuando Emilia finalmente llegó al pabellón ubicada al inicio de la fila, el hombre detrás del escritorio improvisado le dio un formulario para firmar. Ella firmó su nombre y le dieron un boleto y un trozo de papel impreso donde estaba escrita en letras negras mayúsculas la frase: ¿**Dónde están**?

Siguiendo las instrucciones del hombre, ella escribió "María Ileana Toledo, Acapulco" debajo de las letras, junto con la fecha del último viernes, y dobló el papel a lo largo. El hombre le indicó dónde ir a continuación.

Emilia tomó sus cosas y siguió otra fila de gente durante cuando menos media milla por el bulevar, antes de encontrar un letrero para la sección marcada en su boleto. Ella había conducido por la Costera Miguel Alemán cientos de veces, pero ahora —en una fila con gente y llena de preguntas— estaba irreconocible.

El organizador del mitin para esa sección checó su boleto. Emilia fue guiada hasta una plaza imaginaria en la calle, como si la avenida que da al mar se hubiera convertido en un tablero de ajedrez invisible. Miró detenidamente a su alrededor. Cada jugador de ajedrez tenía una historia, cada pieza de ajedrez portaba la misma pregunta.

Emilia colocó los tacones de piel gastados sobre el asfalto, cerca de un par de mocasines de hombre.

"Miles de zapatos sin dueños"

La mujer que estaba colocando los mocasines le sonrió a Emilia, llorosa. "Mi Héctor," dijo, señalando los mocasines con la cabeza. Ella levantó la barbilla y miró los tacones. "¿Su madre?"

Emilia sacudió la cabeza y se sorprendió al darse cuenta que tenía secos los ojos. "Una amiga," respondió.

Ella colocó las puntas de los tacones hacia el mar, en la misma dirección que otros miles de zapatos sin dueños. Puso el papel doblado con el nombre de María Ileana Toledo y el angustioso *¿Dónde están?* en el zapato derecho, para que estuviera posicionado igual que los papeles en todos los demás pares de zapatos. La pregunta en negrita podía verse claramente. Emilia deseó haber escrito el nombre de la directora con letras más grandes.

Al llegar más gente a la sección para dejar los zapatos de sus seres queridos en la calle, el organizador del mitin la guio hacia otro lugar. Emilia se perdió entre la multitud que se dirigía a un miradero en un punto más arriba de la playa en Playa Hornitos. La caminata era muy lenta ya que la gente continuamente se detenía a tomar fotografías.

Pensó Emilia que la calle no era un tablero de ajedrez, sino en realidad, era un cementerio. Era un cementerio de zapatos, con cada par transformado por el dolor en una lápida con el nombre de alguien que estaba perdido, y con una pregunta que todavía seguía esperando su respuesta.

Las lápidas eran sandalias y tenis y botas de trabajo y zapatos de fútbol y chanclas y tacones con plataformas y zapatos de niños de la escuela gastados por patear el balón y por jugar a los encantados. Había de todos los tamaños y colores; algunos eran nuevos y otros, viejos. Lo único que tenían en común era que sus dueños habían desaparecido.

Emilia tomó una fotografía con su celular, en la que capturó el cementerio que bordeaba la bahía más hermosa del mundo. Los tacones de piel gastados se habían perdido entre tantos otros pares de zapatos.

Ella atravesó la multitud, con la poesía del mitin dando vueltas en su mente y un peso invisible que le aplastaba el pecho. *¿Dónde están?¿Dónde están?* Ella era policía; debía poder responder una pregunta tan simple.

Una brisa salada del mar refrescó el aire. Olía a lágrimas.

No había nubes bajo los pies de Emilia mientras ella seguía caminando, sólo asfalto caliente.

Fin

Sobre el Autor

Carmen Amato escribe thrillers románticos y misteriosos, incluida la serie de procedimientos policiales de la detective Emilia Cruz en Acapulco. Emilia Cruz es la primera mujer detective de la fuerza policial de Acapulco, que se enfrenta a los carteles de la droga de México y la legendaria corrupción gubernamental. Kirkus Reviews ha llamado a los libros "consistentemente emocionantes", con "peligro y traición a no más de una página". Visite el sitio web de Carmen en carmenamato.net para suscribirse a su boletín Mystery Ahead.

Originaria de Nueva York, el árbol genealógico de Carmen incluye un alcalde, un genio de Mensa y el primer homicidio en el estado de Connecticut con un arma automática. El perpetrador, su bisabuelo, eludió una persecución en todo el estado después de matar a dos personas, una de las cuales era su esposa, y nunca fue llevado ante la justicia. Su historia familiar provocó una pasión por el misterio y sus experiencias en México y Centroamérica impulsan la autenticidad de sus libros.

Vea por qué Grady Harp, crítico de Amazon,

escribió: "Para entretenimiento puro y una historia apasionante que probablemente resulte en mordeduras de uñas, lea la adictiva prosa de Carmen Amato. ¡Ella conoce este territorio como un jaguar!"

Detective Emilia Cruz series
CLIFF DIVER: Detective Emilia Cruz Book 1
HAT DANCE: Detective Emilia Cruz Book 2
DIABLO NIGHTS: Detective Emilia Cruz Book 3
KING PESO: Detective Emilia Cruz Book 4
PACIFIC REAPER: Detective Emilia Cruz Book 5
43 MISSING: Detective Emilia Cruz Book 6
MADE IN ACAPULCO/HECHO EN ACAPULCO

Thrillers románticos
AWAKENING MACBETH
THE HIDDEN LIGHT OF MEXICO CITY

Copyright Notice

Copyright © 2018 by Carmen Amato
Illustrations by Mattias Fridh
Edited by Karen Leclair-Ayestas
Cover painting by Steve Johnson via Unsplash

Ebook ISBN: 978-0-9997122-2-1
Print ISBN: 9781792829673

Made in the USA
Columbia, SC
14 April 2019